AVIS

AUX CITOYENS.

Prix, 30 centimes.

PARIS,

Chez CORRÉARD, libraire, Palais-Royal, galerie de bois.

8 juin 1820.

AVIS

AUX CITOYENS.

I.

Evénemens du 5 juin.

Le jeune *Lallemand* avait péri de la main d'un soldat;
le malheureux père de cette première et intéressante victime, avait sollicité vainement l'insertion dans les journaux
d'une lettre où il relevait les inexactitudes odieuses dont les
feuilles du ministère avaient rempli la relation de cet évé-
nement; l'école de droit, dont Lallemand faisait partie,
l'école de médecine et une foule de jeunes officiers et de
jeunes gens, appartenant aux classes savantes, riches ou
industrieuses de la société, avaient juré de faire triompher
ce cri de *vive la charte!* qui avait été l'effroyable prétexte
de la mort de leur camarade : ce cri, mille fois répété,
avait été le signal du départ; trois mille jeunes gens s'é-
taient rendus, des différens points de la capitale, sur la
place du Corps-Législatif. La place était entourée de troupes qui, malgré les invitations et les vociférations de quelques forcenés, n'osèrent point faire feu. La colonne des
citoyens, à chaque instant grossie, traverse le Pont

Louis XVI et se porte sur la place de la Concorde; là, une multitude de personnes de tout rang, de tout âge, se joint à cette brave jeunesse, tandis que de nombreux corps de troupes débouchaient des champs-Elysées.

Contre ces troupes, on n'avait qu'une seule défense, qu'un seul bouclier, le cri sacré : *vive la charte !* dix mille voix le poussent à la fois, avec l'accent de l'enthousiasme : les soldats étonnés, s'arrêtent et contemplent avec attendrissement l'imposant aspect d'une population désarmée, protégée par sa seule force numérique, et prête à se laisser égorger plutôt que de fuir; prête à périr martyre de la liberté, de l'égalité, de la tolérance; car tout cela est renfermé dans ces trois mots de *vive la charte !* Nos adversaires n'ont pas craint de les déclarer séditieux, dévoilant ainsi toutes les stipulations secrètes du traité passé entre l'arbitraire ministériel, et l'aristocratie. Sans doute les révolutions, quelles qu'elles soient, peuvent avoir, pour les peuples, des suites funestes; mais un peuple généreux s'expose à tout plutôt que de se laisser humilier, plutôt que de perdre les plus précieux des biens, les droits les plus légitimes, les droits et les biens pour lesquels il a su combattre et souffrir pendant trente années.

Ces grandes vérités étaient proclamées dans la chambre des députés, avec force, avec un sublime courage, avec une éloquence digne des beaux âges de l'antiquité par MM. Courvoisier, Kératry, Camille-Jordan, Manuel, Girardin, etc. etc., dans le moment même où la place Louis XV offrait le spectacle que nous venons de décrire.

Cependant, quelques soldats de légions départementales se réunissaient aux citoyens et leur touchaient la main; quelques chefs, parmi lesquels étaient plusieurs généraux, adressaient au peuple des paroles de paix, et protestaient de leur attachement à la chrrte. Honneur éternel à ces dignes guerries qui ont contribué à empêcher l'effusion du sang français ! Leurs noms n'ont pu parvenir jusqu'à nous ; mais cette modération n'était pas imitée partout, et ce sang coulait sur d'autre points : dans la rue de Rivoli , au Perron du Palais-Royal , la troupe sabrait avec fureur , et, plus tard , les mêmes scènes se renouvelèrent auprès de la Bastille.

Il faut opposer à ces malheurs à jamais déplorables, la conduite des citoyens, qui ne se sont pas permis un seul excès ; et, pour ne citer qu'un trait entre mille : un jeune insensé s'étant précipité à travers la foule en criant : *à bas la charte*, cinquante bras étaient levés sur lui , quand, tout-à-coup, ce premier mouvement est réprimé, et des étudians s'écrient : *Un des nôtres a été massacré par tes semblables ; le crime ne sera pas la punition du crime : nous méprisons tes fureurs , nous ne voulons pas en tirer vengeance.*

Il était cinq heures et demie ; la masse immense qui couvrait la place Louis XV , se divise et prend différentes routes ; le rassemblement principal suit la Place-Royale et les boulevards intérieurs ; il était entièrement composé de jeunes gens. Sur leur passage , plusieurs patrouilles de garde nationale se mêlaient à eux , et joignaient leurs acclamations à celle d'une foule enivrée de patriotisme.

Cette sorte de marche triomphale se prolongea jusqu'au delà du boulevard du Temple.

Telle est l'esquisse rapide, mais vraie, de cette journée , ou plutôt de cette soirée ; tels sont les événemens que devaient occasionner un peu plus tôt, un peu plus tard , l'impéritie et l'orgueil d'un ministère avide de l'arbitraire, qu'il prend pour du pouvoir , et coalisé avec les éternels ennemis de la nation qui lui offrent l'arbitraire en retour des privilèges et de la contre-révolution.

Ces hommes avaient trompé le monarque ; espérons que le monarque ouvrira les yeux sur leur perfidie, et s'unira indissolublement à la nation qu'il aime et dont il est aimé. Ils veulent, ces hommes, tout ce que la nation ne veut pas : ils n'obtiendront rien de ce qu'ils veulent.

II.

Discours prononcé sur la tombe du jeune LALLE-MAND *, tué d'un coup de feu dans la journée du 3 juin.*

————

A LALLEMAND *, leur condisciple, les Etudians en droit et la jeunesse française.*

MESSIEURS,

C'EST avec la plus profonde douleur que je m'approche de cette fosse entr'ouverte pour engloutir les restes inanimés de notre camarade Lallemand. Mais, hélas ! ce n'est point un juste tribut de pleurs que je viens payer à sa mémoire, ce n'est point un dernier hommage que je viens rendre à sa cendre : là où devrait couler des larmes, rien que des larmes, c'est une apologie qu'il faut faire ; car on ne s'est pas contenté d'assassiner notre condisciple, on l'a calomnié après sa mort.

J'étais son camarade, moi, ce titre sacré m'impose des devoirs; je viens les remplir. Oui, messieurs, c'est à nous qu'il appartient de rétablir des faits inidgnement altérés; il faut que la mémoire de notre collègue reste pure de toute calomnie; il faut que la vérité qu'on n'a point respectée, dont les droits ont été foulés aux pieds, les reprenne tous dans cette enceinte; c'est une justification que nous devons, non pas à nous, messieurs, mais à nos concitoyens.

On a dit, on a répandu que notre camarade Lallemand menait une vie peu régulière; on a dit que son inconduite l'avait éloigné de ses parens, c'est une calomnie.

Il vivait au milieu d'eux, il faisait leur bonheur, et les larmes de son malheureux père, nous ont trop prouvé jusqu'à quel point il chérissait ce fils qu'on veut flétrir, et combien notre camarade méritait ces douloureux regrets. Mais ce n'est pas là qu'on s'est arrêté; le mensonge a prétendu légitimer son crime, il a cherché des couleurs qui le fissent excuser, il a élevé sa voix impure; il n'a pas craint d'affirmer avec l'assurance de la vérité, que Lallemand avait voulu désarmer le soldat qui fut son assassin; c'est encore une calomnie.

Je le déclare hautement à la face des tombeaux, dans le séjour de la mort où rien ne ment; trente témoins sont là qui le soutiendront. Il a été assassiné pour avoir eu la hardiesse de proférer des paroles nationales et légitimes; c'est, dit-on, un crime digne de mort. Eh bien, messieurs, nous tous nous la méritons, nous étions coupables, nous le sommes encore: car n'en doutez pas, ces derniers devoirs que nous rendons à la mémoire de notre camarade; ces adieux que nous venons lui faire aux portes de l'éternité;

cet hommage de l'amitié si consolant, peut - être pour, le cœur d'un père infortuné, tout cela, c'est de la sédition. Nous aurons enfreint les lois en pleurant un Français enlevé à son pays, à l'âge de vingt-trois ans, peut-être même, messieurs, les affligés ne sont-ils pas les seuls dans cette enceinte; peut-être maintenant, désigne-t-on parmi nous des coupables et des criminels : que nous importe messieurs, que ce soit un crime aux yeux des autres ; nous ne rougissons pas d'avoir accompagné notre camarade jusque dans sa dernière demeure , non , nous n'en rougissons pas.

Hélas! messieurs, peu s'en est fallu que cette consolation ne nous fût interdite : on a voulu dérober au jour le deuil et la désolation d'un père inconsolable et d'une jeunesse patriote (1); le crime opulent n'a pas rougi d'offrir son or à la pauvreté. Mais ce n'est pas avec de l'or que l'on achète la douleur d'un père ; la pauvreté ne vend pas ses fils, et la jeunesse française ne trahit pas le souvenir de ses amis, de ses camarades. Sa victime est immolée , elle s'en glorifie , elle adopte son souvenir , et c'est dans tous les cœurs français qu'est son apothéose!!!...

Et toi , jeune infortuné, quelques jours auparavant notre compagnon , maintenant encore notre ami , tu nous a été enlevé à la fleur de ton âge , en toi la patrie a perdu un de ses enfans; mais elle vient en habits du deuil pour te pleurer ; oui , c'est la patrie, c'est la France qui te pleure, ici nous sommes six mille qui la représentons.

---

(1) On assure qu'on a offert une somme considérable à M. Lallemand pour faire enterrer son fils pendant la nuit qui a précédé le jour de son convoi.

Ami , prosternons-nous tous autour de cette fosse qui va se refermer pour jamais ; laissons encore aujourd'hui couler nos larmes sur cette tombe , peut-être faudra-t-il bientôt que l'on vienne en verser sur la nôtre!!!...

III.

Situation politique de la France.

LE ministère a poursuivi avec une infatigable constance, une opiniâtreté sans égale son système de démolition constitutionnelle. Ni les vœux de quatre-vingt-dix mille pétitionnaires , ni la voix indépendante et fière des députés du côté gauche , ni les cris de toute une population réclamant le maintien intégral de la charte , rien n'a pu l'arrêter dans sa marche rétrograde. Après avoir anéanti la liberté individuelle , morcelé la liberté de la presse , il s'est avancé audacieusement à travers les ruines de nos institutions , et n'a pas craint de porter la honte sur notre système électoral , et ce système ébranlé par ses coups redoublés est près de crouler de toutes parts pour faire place à une oligarchie élective et à des électorats héréditaires. Qu'est-il arrivé cependant de cette inconcevable obstination à ne pas vouloir dévier un instant de la route coupable et inconstitutionnelle où il s'est engagé sur la foi des oligarques ? Ce qui est arrivé ? que mes lecteurs jettent les yeux autour d'eux et ils jugeront. Ils verront les partis réunis en présence , une jeunesse arrachée à ses études pacifiques au bruit des chaînes qni s'avancent déjà contre nous ; d'un côté une immense population faisant retentir l'air des cris de *vive le roi et la charte* , de l'autre des soldats chargeant avec une barbare impassibilité des groupes de citoyens paisibles, et les immolant sous prétexte de faire exécuter une ordonnance de police. Qui a ainsi transformé une cité florissante en un camp redoutable ? Qui a jeté parmi la nation Française ces brandons de discordes civiles ? Qui a réveillé les haines des partis et remis le poignard aux mains de l'aristocratie ? Qui ?.... Le ministère, oui le ministère seul est coupable ; seul il doit porter l'immense responsabilité de tout ce mal qui a eu lieu, de tout celui qui se fait encore, de tout celui qui se prépare. La nation a le droit de lui demander compte du sang qui a été versé, et les mânes du jeune et infortuné *Lallemand*, victime prématurée de nos troubles naissans ne seront apaisés que lorsqu'un ministère sage et constitutionnel succédant à ce ministère imprudent, aura ramené l'ordre et la paix qui s'éloignent de jour en jour de notre malheureuse patrie.

Quelle redoutable leçon pour nos ministres, s'ils ont encore dans le cœur quelque étincelle d'humanité et de patriotisme, que ce cortège funèbre composé de l'élite de la jeunesse française, accompagnant à sa dernière demeure le jeune patriote pour qui le cri de *vive le roi et la charte* fut un signal de mort, sous le gouvernement du *roi*, sous l'empire de la *charte*, en face du palais où réside l'auguste monarque à qui la France doit ses institutions constitutionnelles. Ces six mille jeunes gens, cette marche lente et silencieuse, à travers les torrens que les cieux versaient sur la terre, ce touchant recueillement, auront sans doute consolé sa jeune ombre, et un si noble trépas envié par toute la jeunesse française, ne fera qu'enraciner de plus en plus dans son cœur la haine du despotisme et l'attachement à la charte.

Cependant nos dignes mandataires n'ont rien perdu de leur énergie ; intrépides soldats, ils combattent encore sur la brèche faite à la liberté, et s'efforcent encore de défendre le peu de terrain qui nous reste.

Fasse le ciel que ces généreux efforts ne soient point infructueux !.... La France, l'Europe, le monde entier sont attentifs. Jamais peut-être à aucune époque de notre révolution, les discussions législatives n'offrirent un plus puissant intérêt. Jamais circonstances plus graves ne réclamèrent plus de courage de la part des représentans de la nation. Tout à coup la discussion sur la loi des élections s'est vue interrompue par suite des événemens passés en dehors de la chambre; un épisode non moins intéressant que les débats antérieurs s'est tout à coup élevé à l'occasion des outrages faits sur la personne de quelques honorables députés. Il était digne du beau caractère de M. *Camille Jordan*, d'appeler le premier l'attention de la chambre sur ces attentats à la majesté nationale. Il a été suivi à la tribune par MM. *Benjamin Constant*, *Girardin*, *Méchin*, *Demarçay*, etc. etc... qui tous sont venus ajouter aux détails affligeans donnés par l'honorable orateur. Certes, il était de la dignité de la chambre de suspendre toute délibération ultérieure; il était de la dignité des ministres de donner toutes les communications qui leur étaient demandées à ce sujet. L'intérêt de la chambre, l'honneur national, leur propre responsabilité, tout leur en faisait un devoir..... et cependant, c'est à justifier les coupables, à atténuer les délits que tendent leurs efforts; et le ministre de la justice ne craint pas de compromettre le sacré caractère dont il est revêtu, en énonçant une opinion empreinte de la plus injuste partialité. Et c'est ainsi que des ministres du roi respectent les pouvoirs institués par la charte! Et que deviennent ces pouvoirs, si l'un des plus sacrés (celui de la chambre des députés,) ne couvre les membres de cette chambre que d'une inviolabilité illusoire.

Mais il tarde au ministère d'achever son ouvrage, et il a regardé l'incident élevé par M. *Camille Jordan*, comme une ruse de guerre mise en jeu pour entraver la discussion du projet de loi et y jeter des discussions étrangères...... *la clôture !* telle a été la réponse du centre et du côté droit; qui ne voient pas qu'en témoignant si peu de respect pour leurs collègues, ils donnent un fâcheux exemple qui, je l'espère, ne sera jamais suivi, mais qui retomberait bientôt sur ses imprudens auteurs.

La séance du 6 a vu renouveler sans succès, la tentative des députés du côté gauche...... Cependant le centre et le côté droit n'en veulent pas moins continuer la discussion.... En vain le côté gauche s'y oppose, la discussion continue, et le côté gauche n'a plus d'autre ressource que de protester sans prendre part à la délibération..

Mais il y rentre bientôt, par ce désir de pacification, qui n'a cessé d'animer sa conduite depuis l'ouverture de ces trop funestes débats. L'amendement de M. Courvoisier offre au ministère une dernière occasion de rapprochement avec le côté national de la chambre. Par cet amendement, le nombre des députés serait élevé à quatre cent trente, dont deux cent cinquante huit seraient élus directement par les colléges d'arrondissement, et cent soixante douze, par les colléges de département ; en un mot la presque totalité des dispositions du premier projet de loi serait reproduite. Nous ignorons si dans le nombre de ces dispositions seraient comprises celles qui placent les colléges dans la dépendance immédiate des agens du pouvoir, en conférant à ses agens la juridiction des votes, la vérification des scrutins, et toute l'influence du despotisme des autorités locales. Il est probable que les honorables députés du côté gauche ne souffriront pas que les électeurs soient mis sous la tutelle des autorités qui pousseraient l'obligeance, jusqu'à leur épargner la peine de penser et même d'écrire leurs votes.

Quoi qu'il en soit, c'est le ministère, qui effrayé de la marche rapide de la contre révolution, a le premier fait des ouvertures aux députés du côté gauche. Il est évident que cette démarche équivaut à une défection complète.... L'attitude du côté droit est morne et silencieuse. Réduit à ses propres forces, toute espérance est à jamais perdue pour lui; il faudra qu'il se résolve à être national pour être réélu, et cela est bien difficile à des hommes qui ont passé une partie de leur vie à opprimer leur patrie, et l'autre à combattre contre elle.

Je n'essayerai point de pressentir les résultats des changemens qui s'annoncent. Confiant dans la loyauté des députés du côté gauche, j'attends tout de leur énergie et de leur patriotisme, et j'espère qu'en ce moment, comme toujours, ils se montreront les dignes interprètes des vœux de leurs commettans.

Il n'en reste pas moins constant qu'une révolution dans le système ministériel se prépare.

Espérons que cette révolution ne compromettra point les principes, car sans les principes, nous bâtirons sur le sable, et nous verrons crouler chaque jour l'ouvrage de la veille; les principes seuls sauvent les états; les principes peuvent seuls nous assurer à jamais un bon gouvernement représentatif. C'est pour les avoir violés, que tous les gouvernemens qui se sont succédés sous nos yeux depuis trente ans, ont successivement disparu; et c'est parce que la France veut le maintien du gouvernement actuel qu'elle manifeste aussi énergiquement son opinion pour le maintien des principes...... le cri de *vive la charte* n'a pas d'autre motif. En pourrons-nous dire autant de ce cri de *vive le roi tout seul*, que nos oreilles se sont étonnées d'entendre proférer. Oui, nous le répéterons avec vingt-huit millions de français : *Vive la charte* qui seule peut nous assurer les fruits d'une révolution passée, et nous garantir d'une révolution nouvelle...... *Vive la charte* qui a enfin donné au trône et au peuple des garanties mutuelles, au peuple en le préservant du despotisme du trône, au trône en le préservant du despotisme du peuple ! *Vive la charte*, seul palladium de nos libertés, seul refuge contre l'arbitraire, seule ressource contre l'anarchie. *Vive la charte*, cri national, qui renferme toutes les idées d'ordre, de stabilité et de liberté; car sans la charte l'ordre doit faire place au plus effroyable désordre, le désodre des révolutions; sans la charte, sans les principes sacrés qu'elle contient, plus de stabilité en France pour aucun gouvernement, car le despotisme et l'arbitraire sont des bases fragiles; sans la charte enfin plus de liberté, car la liberté est fille de l'ordre, et a besoin de stabilité pour pousser de profondes racines chez une nation !...... encore une fois *Vive la charte* ! ! ! !.........

IMPRIMERIE DE MADAME JEUNEHOMME-CRÉMIÈRE,

RUE HAUTEFEUILLE, n° 20.